とりあえず

日本語能力試験対策

N2
文法

JN070215

上田暢美　内田嘉美　桑島卓男　糠野永未子

吉田歌織　若林佐恵里　安達万里江

ココ出版

とりあえず… (「はじめに」の代わりに…)

　みなさん、こんにちは。はじめまして。「とりあえず」この本を開いたみなさん、とてもラッキーですよ。日本語能力試験合格に一歩近づいたと思います。

　なぜなら、この本は問題数が多いからです。私たちは長年の日本語教師の経験から、合格のためには多くの問題を解いて、知らない語彙や表現を知ることで合格へ近づけると考えています。そこで、実際の日本語能力試験の形式に基づいた問題数の多い問題集を作りました。

　合格をめざしてたくさんの問題にチャレンジできます。実際の試験のように時間を計って、問題を解いてみてください。間違えた問題はもう一度解いてください。覚えるまで何度も何度も解いてみてください。そうすれば、合格は目の前です。

　さあ、「とりあえず」ページを開いて、「とりあえず」解いて、「とりあえず」覚えてみてください。そして合格してください。応援しています。

著者一同

目 次

この本の使い方

　本書はアウトプットの練習として使うことを考えていますが、インプットの手段としても利用することができます。つまり、あなたの今の力を実戦形式で測ることと、新しい知識を得ることの両方ができるのです。

　以下に簡単な使い方を書いておきますので参考にしてください。

1．何度も解くことをお勧めします

　テスト勉強では、絶対量が大切です。特に、間違えた問題をそのままにしておくと、解いた意味がありません。何度もやり直して知識を定着させましょう。

＝＝＝

例）

4回解く

　1回目：直接書き込まないでノートにやる。できなかったものには印をつけておく

　2回目：直接書き込まないでノートにやる。印のあるものを解く。再びできなかった
　　　　　ものには新たに印をつけておく

　3回目：直接書き込まないでノートにやる。新しい印のあるものを解く

　4回目：時間を計って全問解く。目安の時間よりも短い時間で解くようにする

＝＝＝

2．通しでやる必要はありません

　すき間時間＝バスや地下鉄の中など＝にやってみる。机に向かって勉強するだけが唯一の方法ではありません。

3．わからなければ解答を見る

　最終的に、本試験当日にできればよいのです。そのために「考えてもわからない」問題は積極的に解答を見て、知識を得、身につけるようにしてください。

４．スピード優先

　１ページ目から時間をかけてすべてを理解しようとする必要はありません。どうせ何回も解くのですから、最初は全体の半分でも理解できればいいや、という具合に気楽に考えてください。２回目、３回目で頭に入れればいいのです。そのためにも、立ち止まらずにさっさと進めて行ってください。

達成表

	例	第1回	第2回	第3回	第4回	第5回	第6回	第7回	第8回	第9回	第10回
1回目	9										
2回目	13										
3回目	18										
4回目	22										

解き終わったら、
22問中何問正解だったか
書き込みましょう

日本語能力試験（JLPT）の概要

原則として日本語を母語としない人を対象に、日本語能力を測定し認定する、世界最大規模の日本語の試験です。1984 年に始まり、2010 年に新形式となりました。N5 から N1 までの 5 レベルに分かれています。

▶主催

　　国内：国際交流基金と日本国際教育支援協会の共催

　　海外：国際交流基金が各地機関の協力を得て実施

　　　　※台湾では公益財団法人日本台湾交流協会と共催

▶開催時期：7 月と 12 月の年 2 回（開催場所によっては年 1 回）

▶開催場所：日本の 47 都道府県。海外の開催都市については公式サイトを参照

試験の詳細については公式サイトをご覧ください。　https://www.jlpt.jp

N2 について

▶時間

　　言語知識（文字・語彙・文法）・読解 ……… 105 分

　　聴解 ………………………………………… 50 分

▶得点

総合得点		得点区分別得点					
		言語知識 （文字・語彙・文法）		読解		聴解	
得点の範囲	合格点	得点の範囲	基準点	得点の範囲	基準点	得点の範囲	基準点
0 〜 180 点	90 点	0 〜 60 点	19 点	0 〜 60 点	19 点	0 〜 60 点	19 点

合格するためには、①総合得点が合格に必要な点（＝合格点）以上であること、② 各得点区分の得点が、区分ごとに設けられた合格に必要な点（＝基準点）以上であること、の二つが必要です。一つでも基準点に達していない得点区分がある場合は、総合得点がどんなに高くても不合格になります。

得点は、「尺度得点」を導入しています。尺度得点は「等化」という方法を用いた、いつも同じ尺度（ものさし）で測れるような得点です。尺度得点を利用することで、試験を受けたときの日本語能力をより正確に、公平に、得点に表すことができます。

▶ 認定の目安

　日常的な場面で使われる日本語の理解に加え、より幅広い場面で使われる日本語をある程度理解することができる。

読む

・幅広い話題について書かれた新聞や雑誌の記事・解説、平易な評論など、論旨が明快な文章を読んで文章の内容を理解することができる。

・一般的な話題に関する読み物を読んで、話の流れや表現意図を理解することができる。

聞く

・日常的な場面に加えて幅広い場面で、自然に近いスピードの、まとまりのある会話やニュースを聞いて、話の流れや内容、登場人物の関係を理解したり、要旨を把握したりすることができる。

▶ N2 文法の構成

大問		ねらい
7	文の文法 1 （文法形式の判断）	文の内容に合った文法形式かどうかを判断することができるかを問う
8	文の文法 2 （文の組み立て）	統語的に正しく、かつ、意味が通る文を組み立てることができるかを問う
9	文章の文法	文章の流れに合った文かどうかを判断することができるかを問う

第**1**回

正答数

22 問

解答時間のめやす

20

分

解答・解説 ——→ 別冊 3 ページ

問題 1 次の文の（　　　）に入れるのに最もよいものを、1・2・3・4から一つ選びなさい。

1 急な連絡（　　　）、多くの友達が集まってくれた。
　　1　にともない　　　　　　　　　　　　2　にもかかわらず
　　3　につれて　　　　　　　　　　　　　4　に関して

2 この薬を買うには医師の許可が必要だ。（　　　）薬屋で気軽に買うことはできない。
　　1　ところで　　　　2　一方　　　　　3　したがって　　　　4　だが

3 原料費が上がっている状況を考えると、今の価格設定のままでは、売れば売るほど赤字が（　　　）。
　　1　増えるばかりだ　　　　　　　　　　2　増えようとしている
　　3　増えてもかまわない　　　　　　　　4　増えるに越したことはない

4 時間に厳しい彼女の（　　　）、30分前には来ているはずだよ。
　　1　ことから　　　　2　ことだから　　　3　ことには　　　　4　ことか

5 次のオリンピックでは、吉田選手の活躍が（　　　）。
　　1　期待している　　　　　　　　　　　2　期待させている
　　3　期待されている　　　　　　　　　　4　期待させられている

6 飲み会に参加すると言った（　　　）、遅れてでも行かないといけない。
　　1　とかで　　　　2　あまり　　　　3　からには　　　　4　くらいで

7 一度聞いた（　　　）すぐに演奏できるなんて、さすがプロだ。
　　1　だけあって　　　2　だけ　　　　3　だけで　　　　4　だけに

8 目上の人（　　　）、敬語を使うようにしている。
　　1　に対しては　　　2　にとっては　　　3　にあたって　　　4　にかかわって

9 明日は時間が（　　　）が、なにやら大変そうなので、そのイベントには参加しないことにした。

1　ないこともない　　　　　　　　2　ないとは限らない

3　ないどころではない　　　　　　4　ないわけにはいかない

10 新しい社長の（　　　）、みんなで力を合わせて働こうではないか。

1　折　　　　　　2　上で　　　　　　3　もとで　　　　　　4　際

11 彼女は思いやりがある（　　　）、とにかく仕事のパートナーとして最高だ。

1　だの気が利くだの　　　　　　　　2　にしろ気が利くにしろ

3　にせよ気が利くにせよ　　　　　　4　というか気が利くというか

12 （パーティーで）

招待客「本日はこのようなすばらしいパーティーに（　　　）、ありがとうございました。」

主催者「いえいえ。何もありませんが、楽しんでいってくださいね。」

1　いらっしゃってくださり　　　　　2　おいでくださり

3　お越しいただき　　　　　　　　　4　お招きいただき

問題2 次の文の____★____に入る最もよいものを、1・2・3・4から一つ選びなさい。

13 昨日の雨は本当に激しくて、____ ____ __★__ ____ 降り方だった。

1 ひっくり返した　　　　　　　2 かのような

3 まるで　　　　　　　　　　　4 バケツの水を

14 来週の引越しの手伝い ____ ____ __★__ ____ 十分だ。

1 は　　　　　2 も　　　　　3 いれば　　　　4 3人

15 映画を ____ ____ __★__ ____ の気持ちがわからない。

1 人にしてみれば　　　　　　2 テレビでしか見ない

3 見る人　　　　　　　　　　4 映画館で

16 この病気を治すため ____ ____ __★__ ____ 耐えてみせます。

1 どんな　　　2 治療にだって　　3 つらい　　　　4 なら

17 まちづくりというのは、____ ____ __★__ ____ 実現できるものだ。

1 理解を　　　2 市民の　　　3 初めて　　　4 得て

問題3 次の文章を読んで、文章全体の内容を考えて、 18 から 22 の中に入る最もよいものを、1・2・3・4から一つ選びなさい。

以下は、言葉についてのエッセイである。

言葉はまねでできている

そもそも言語とはまねで習得するものです。私たちがなぜ日本語を話せるようになるかといえば、生まれて育つうちに、家族が話す日本語をまねて覚えていく 18 。

アメリカの言語学者であるノーム・チョムスキーが唱えている普通文法のポイントは、あらゆる言語に共通する基本ルールがあり、 19 ルールは脳に由来するというものです。ごく簡単に言ってしまえば、人間には言語のルールをまねする生得的な能力があるから誰でも言語をしゃべれるようになるというものです。

日本人だから日本語が得意なのではなくて、日本に生まれて育てば、民族を 20 日本語がしゃべれるようになります。それがギリシャ語であってもスワヒリ語であってもフランス語であっても、そこで生まれ育ったらその言葉をしゃべれるようになる。

21 日本語が母語になったとすると、日本語の発音の様式、あるいは統語様式というのですが、言葉の順番とかの様式が頭に染み込んでしまいます。そうなってしまった後では、他の言語を習うときにちょっと距離が出ます。

また、完全に前の世代をまねするわけですから、その風土の中で使っている言葉、すなわち方言が抜けないということも起こります。関西出身のアナウンサーがとても苦労するのは、すべての単語の発音が標準語と少しずつ 22 。

（齋藤孝『まねる力』 朝日新書による）

（注1）まね：他の人と同じように言ったり行動したりすること
（注2）生得的：生まれた時から持っていること

18

　1　からです　　　　2　ものです　　　　3　ことです　　　　4　つもりです

19

　1　そんな　　　　　2　あんな　　　　　3　その　　　　　　4　あの

20

　1　除いて　　　　　2　はじめ　　　　　3　問わずに　　　　4　もとに

21

　1　すると　　　　　2　または　　　　　3　それに　　　　　4　ただし

22

　1　違うことだといいます　　　　　　2　違わないこともありません
　3　違うというものではありません　　4　違わないわけです

第1回
第2回
第3回
第4回
第5回
第6回
第7回
第8回
第9回
第10回

第**2**回

正答数

	22問

解答時間のめやす

20
分

解答・解説 ──→ 別冊 3-4 ページ

問題 1　次の文の（　　　　）に入れるのに最もよいものを、1・2・3・4から一つ選び
なさい。

1 　彼は何度注意しても同じミスをする。困った（　　　　）。

　　1　わけではない　　　2　わけだ　　　　　　3　ことだ　　　　　　4　ことではない

2 　(テレビのニュース番組で)

　　「以上、今日のニュースをお伝えしました。（　　　　）、次は天気予報です。」

　　1　さて　　　　　　　2　ついでに　　　　　3　ちなみに　　　　　4　すると

3 　駅に着いたとき、私はお金も（　　　　）クレジットカードも持っていなかった。

　　1　ないと　　　　　　2　ない上は　　　　　3　なければ　　　　　4　なくても

4 　日本に住んでいる（　　　　）、日本語が上手であるとは限らない。

　　1　からといって　　2　からでないと　　3　から言うと　　　4　からして

5 　その台風（　　　　）被害は、経済にも大きな影響を与えた。

　　1　により　　　　　　2　による　　　　　　3　によって　　　　　4　によると

6 　(クラスで)

　　学生A「林さん、まだ来てないね。もうすぐ授業なのに……。」

　　学生B「まあ、林さん（　　　　）今日も遅刻だろうね。」

　　1　だけあって　　　2　に限って　　　　3　のあげく　　　　4　のことだから

7 　子「今日中に夏休みの宿題を全部終わらせるぞ。」

　　母「本当？　そんなこと（　　　　）んじゃない？」

　　1　できづらい　　　2　できっこない　　3　できにくい　　　4　できかねない

8 　終電に間に合わなかった。高いけれどタクシーで帰る（　　　　）。

　　1　しかない　　　　　2　にすぎない　　　3　まい　　　　　　4　一方だ

9 （野球の会場アナウンスで）

「ただいま試合は雨のため中断しております。雨が（　　　　）試合を再開します。」

1　やんだおかげで　　　　　　　　2　やんで以来

3　やむうちに　　　　　　　　　　4　やみ次第

10 課長「部長、山田様が受付に（　　　　）。」

部長「ありがとう。すぐに行くと伝えてくれ。」

1　参りました　　2　承りました　　3　見えました　　4　うかがいました

11 店の経営（　　　　）、兄弟で言い争いになっている。

1　にわたって　　2　をめぐって　　3　に沿って　　　4　をもって

12 （ニュースで）

「今回の地震による津波の（　　　　）。」

1　恐れはないものです　　　　　　2　恐れではありません

3　恐れはありません　　　　　　　4　恐れるにはあたりません

問題2 次の文の___★___に入る最もよいものを、1・2・3・4から一つ選びなさい。

13 山本さんは指示 _____ _____ ___★___ _____ 自分では何もしない。

    1　を　　　　　　2　で　　　　　　3　ばかり　　　　4　出す

14 体調が悪くて休む _____ _____ ___★___ _____ してほしい。

    1　としても　　　2　仕方がない　　3　連絡だけは　　4　のは

15 上司「頼んでおいた仕事、どこまで進んでる？」

    部下「今、データの入力作業 _____ _____ ___★___ _____ 止まっています

       が、今日中に終わる予定です。」

    1　で　　　　　　2　ところ　　　　3　まで　　　　　4　した

16 ヨーロッパへは新婚旅行で _____ _____ ___★___ _____ いない。

    1　きり　　　　　2　その後　　　　3　行って　　　　4　行った

17 _____ _____ ___★___ _____ ものをあげる人が多いですが、実はてんぷらは

ポルトガルから伝わったものなのです。

    1　といった　　　　　　　　　　2　というと

    3　日本の食べ物　　　　　　　　4　寿司やてんぷら

問題3 次の文章を読んで、文章全体の内容を考えて、18 から 22 の中に入る最もよいものを、1・2・3・4から一つ選びなさい。

以下は、留学生の作文である。

京都人のルール

マイケル　ウィルカー

　私は夏休みに京都について書かれた本を読んだ。知らないことがたくさんあったが、特にびっくりしたのは次のようなことだ。

　京都の古い家には中に入るまでに戸がいくつかあるのだが、最後の戸の向こうは"私的な家族の空間"になっている。他人がそこから中へは決して 18 という。これは京都の厳しいルールだ。どんなに親しくても、きちんと招待された場合でないなら、家族以外の人が中に入ることはない。

　これは精神的な場合も同じで、日常的な交際を越えて、京都の人の心の中に入っていくことは許されない。それをやってしまうと非常に 19 。地方の人は、親しさの表現として、京都の人の心の内部に立ち入ろうとしてしまうことがある。しかし京都では、心の中まで立ち入る関係は 20 。

　京都の人は、お互いに近い関係になることをなるべく避けるように心をくばる。それで、京都の人は冷たいようにも見える。

　 21 、実はこれが都市での生活を維持するノウハウなのだ。都市にはさまざまな人が来る。仕事の人やその家族、学生、観光客……いろいろだ。よく知らない人との取引や付き合いも多くなる。そんな中で無事に生活を送るには、 22 付き合い方がいいのだ。周りの人がみな知り合いであるような農村的な付き合い方とは異なる、都市での付き合い方が京都では必要なのだ。

18

1　入るわけがない　　　　　　　2　入りかねない

3　入ってはならない　　　　　　4　入りそうにない

19

1　いやだ　　　　　　　　　　　2　いやがられる

3　いやがらせる　　　　　　　　4　いやがらせられる

20

1　成り立たないのだ　　　　　　2　成り立つのだ

3　成り立たないべきだ　　　　　4　成り立つはずだ

21

1　したがって　　　2　やはり　　　3　それなのに　　　4　しかし

22

1　家族同然の　　　2　日常的な　　　3　農村的な　　　4　京都のような

第1回

第2回

第3回

第4回

第5回

第6回

第7回

第8回

第9回

第10回

第**3**回

正答数

22問

解答時間のめやす

20

分

解答・解説 ——→ 別冊4ページ

問題1 次の文の（　　　　）に入れるのに最もよいものを、1・2・3・4から一つ選びなさい。

1 1日だけ過去に戻れる（　　　　）、いつがいいですか。

　　1　としたら　　　　2　にしても　　　　3　にしろ　　　　4　からといって

2 寝る前にお茶やコーヒーを飲む（　　　　）と言われている。

　　1　ものか　　　　2　ものがある　　　3　ものだから　　　4　ものではない

3 嫌いな勉強をするくらいなら、（　　　　）働いたほうがいい。

　　1　むしろ　　　　2　せっかく　　　　3　たとえ　　　　4　まさか

4 これはおいしい。並んで買った（　　　　）ことはある。

　　1　はずの　　　　2　だけの　　　　3　ところの　　　　4　ばかりの

5 家は大変貧しかったが、母は朝から晩まで働き、私を大学まで（　　　　）。

　　1　行かせてくれた　　　　　　　　　　2　行かせてあげた

　　3　行かせてやった　　　　　　　　　　4　行かせてもらった

6 （商談で）

　　A「当社の提案は以上です。いかがでしょうか。」

　　B「わかりました。よく考えた（　　　　）決めたいと思います。」

　　1　上に　　　　2　上で　　　　3　上は　　　　4　上では

7 開会（　　　　）一言ごあいさつ申し上げます。

　　1　に関して　　　2　にわたって　　　3　にあたって　　　4　に沿って

8 （Bさんの家で）

A「わあ、おいしそう。」

B「どうぞ、冷めない（　　　）召し上がってください。」

1　ときに　　　　2　までに　　　　3　まえに　　　　4　うちに

9 最近はSNS（　　　）交友関係を広げる人も多いそうだ。

1　をめぐって　　　2　について　　　3　を通して　　　4　に対して

10 せっかく旅行に来たのに、大雨で観光（　　　）。

1　するべきではない　　　　　　　2　せずにはいられない

3　するしかない　　　　　　　　　4　どころではない

11 A「昨日は、せっかくの遠足だったのに寒かったね。」

B「まあ、雨が降らなかった（　　　）だよ。」

1　だけまし　　　　2　ほど　　　　3　もの　　　　4　かのよう

12 私、明日にでもお宅に（　　　）よろしいでしょうか。

1　うかがっても　　　　　　　　　2　おたずねになっても

3　いらっしゃっても　　　　　　　4　お越しになっても

問題2 次の文の___★___に入る最もよいものを、1・2・3・4から一つ選びなさい。

13 A「今年の夏休みはよく遊んだな。」

B「そうだね。でもまだ ___ ___ _★_ ___ 休みたいよね。」

    1　は　　　　　　2　ぐらい　　　　3　あと　　　　　4　3日

14 どんなに ___ ___ _★_ ___ 大切だと母は教えてくれた。

    1　ときこそ　　　　　　　　　　2　大変な

    3　笑顔でいることが　　　　　　4　つらいことがあっても

15 今回のことでは、___ ___ _★_ ___ ご迷惑をおかけることに

なり、本当に申し訳ありません。

    1　をはじめ　　　　　　　　　　2　に

    3　多くの方々　　　　　　　　　4　チームのメンバー

16 ひとくちに ___ ___ _★_ ___ 味付けはさまざまだ。

    1　それぞれの　　2　といっても　　3　家庭料理　　　4　家によって

17 市のサイトには地震などの災害時に備えて非常食を準備して ___ ___

_★_ ___ が、何をどのぐらい準備したらいいのだろうか。

    1　おく　　　　　2　ある　　　　　3　こと　　　　　4　と

問題3 次の文章を読んで、文章全体の内容を考えて、 18 から 22 の中に入る最もよいものを、1・2・3・4から一つ選びなさい。

以下は、留学生の作文である。

日本で学ぶべきこと

タルカン　ニランタ

　貿易の仕事をしていた父は、出張のたびに最新の日本製の電気製品を買ってきては「すばらしい技術だろう？」と自分が作ったかのように 18 に言っていた。そんな父の影響で、私の夢は日本の大学で進んだ技術を学ぶことだった。

　2年前、念願だった日本留学が決まった。最新の技術を学べると思っていたのに、来日初日からショックを受けた。日本があまりにもアナログだったからだ。銀行口座を開くのにも印鑑が必要で、いろいろな手続のために何枚も手書きで書類を作成した。個人商店では電子マネー 19 、クレジットカードも使えなかった。これがあこがれていた日本なのか。私の国のほうがデジタル化が進んでいる 20 。私はここで何を学べばいいのだろうか。本当にがっかりした。

　しかし、ある日インターネットでこんな記事を読んだ。ある人が駐輪場に行くと、自分の自転車のかごに「自転車を倒して、ベルを壊してしまいました。申し訳ありません。」と書かれた紙とともに、千円札が入れられているのを発見した、というものだ。初めてこの話を聞いた時はすぐには信じられなかった。私ならベルを壊したことなど見ないふりをして逃げただろう。もちろんお金を入れていくこと 21 しない。

　私は日本で学ぶべきことがはっきり分かった。いつも他人を思いやる心を忘れない。どんなに技術が進んでも、一番大切なのは人の心だ。ロボットやAIの時代だからこそ、使う人のことを考えた 22 温かみのある製品をいつか作ってみたい。

18

1 自慢気味　　　2 自慢がち　　　3 自慢的　　　4 自慢げ

19

1 どころか　　　2 といえば　　　3 にせよ　　　4 ばかりで

20

1 にきまっている　　　　　　　2 おそれがある
3 ではないか　　　　　　　　　4 よりほかない

21

1 さえ　　　2 なんて　　　3 まで　　　4 でも

22

1 人間らしい　　　　　　　　　2 人間であるからには
3 人間のわりに　　　　　　　　4 人間でありながら

第**4**回

正答数

22 問

解答時間のめやす

20

分

解答・解説 ―→ 別冊 4-5 ページ

問題1 次の文の（　　　）に入れるのに最もよいものを、1・2・3・4から一つ選びなさい。

1 合格したいなら復習（　　　）予習もしなければならない。

　　1　にしろ　　　　　　2　はもとより　　　3　といえば　　　　4　のもとで

2 先日泊まったホテルは、古くて高かった。（　　　）サービスが悪かったので、もう二度と行かない。

　　1　あるいは　　　　　2　しかも　　　　　3　ちなみに　　　　4　なお

3 ありがたい（　　　）、病気が再発することもなく、無事に10年が過ぎた。

　　1　ことに　　　　　　2　ことは　　　　　3　ことが　　　　　4　ことと

4 息子「富士山？　無理無理、絶対登れるわけないよ。」

　　父「やってみる前から無理（　　　）言うもんじゃない。」

　　1　だったなら　　　2　だなんて　　　　3　だとしても　　　4　だからって

5 彼から謝らない（　　　）、仲直りする気はない。

　　1　あげく　　　　　2　わけで　　　　　3　まま　　　　　　4　限り

6 京都には清水寺（　　　）、古いお寺がたくさんある。

　　1　からして　　　　2　にしても　　　　3　の上に　　　　　4　をはじめ

7 勉強もしないであの大学に合格できる（　　　）よ。

　　1　わけではない　　2　までもない　　　3　はずがない　　　4　しかない

8 雨はやむどころか、ますます激しくなる（　　　）。

　　1　一方だ　　　　　2　次第だ　　　　　3　最中だ　　　　　4　ほどだ

9 私が間違った電話番号を教えた（　　　）、取引先に迷惑をかけてしまった。

　　1　にしては　　　　2　くせに　　　　　3　だけに　　　　　4　ばかりに

10 最近忙しいが、来週は演奏会があるのでピアノの練習を（　　　　）。

1　休まないこともない　　　　　　　2　休まないでいられない

3　休んでばかりもいられない　　　　4　休んでかまわない

11 あのマンションは駅から遠いし古い（　　　　）家賃が高い。

1　としても　　　　2　からこそ　　　3　わりに　　　　4　だけあって

12 卒業しても、先生が今（　　　　）ことを忘れずに、毎日努力していこうと思います。

1　申した　　　　　　　　　　　　　2　おっしゃった

3　おかけになった　　　　　　　　　4　存じた

問題 2　次の文の＿＿★＿＿に入る最もよいものを、1・2・3・4から一つ選びなさい。

13　母の　＿＿＿　＿＿＿　＿★＿　＿＿＿　、私にはとてもできないだろう。

　　1　ことは　　　　　　　　　　　2　毎朝お弁当を作る
　　3　ように　　　　　　　　　　　4　1日も欠かさず

14　仕事がうまくいっているのは、＿＿＿　＿＿＿　＿★＿　＿＿＿　、僕一人の力
　　ではない。

　　1　仲間の　　　　　2　いつも　　　　　3　おかげで　　　　4　協力してくれる

15　彼女に本当のことを言って　＿＿＿　＿＿＿　＿★＿　＿＿＿　しまった。

　　1　ましだと思って　　　　　　　　2　悲しませるより
　　3　嘘をついて　　　　　　　　　　4　つい

16　私の名字は読み方が難しく、＿＿＿　＿＿＿　＿★＿　＿＿＿　初めて会う人に
　　は「どう読むんですか。」と聞かれる。

　　1　ほど　　　　　2　必ず　　　　　3　いい　　　　　4　といって

17　全然問題ないとは言ったものの、＿＿＿　＿＿＿　＿★＿　＿＿＿　高まってく
　　る。

　　1　次第に緊張が　　　　　　　　　2　近づく
　　3　につれて　　　　　　　　　　　4　試合の開始時間が

問題3 次の文章を読んで、文章全体の内容を考えて、 18 から 22 の中に入る最もよいものを、1・2・3・4から一つ選びなさい。

以下は、留学生の作文である。

人生の友だち

カク　ジョンシク

　　小学生のころ、学校が終わると真っ先に向かう場所は、近所の商店街にある小さな本屋だった。昼間でも薄暗く、いつも機嫌が悪そうな怖い顔をしたおじさんがいて、お客さんは一人か二人ぐらいしかいない、そんな古い書店である。でもそこはいつでもどこでも好きなところへ行くことができ、どんなスターにもなれるぼく 18 特別な場所だった。毎日何時間もその本屋で過ごしながら、お気に入りの一冊を手にして、開けたり閉じたり、ぼんやり眺めたりして想像の世界に入っていった。そこでは目を閉じればどこにでも行ける。あるときは宝を求めて深い山の中へ、またあるときは宇宙旅行に、 19 500年前の王様にだって会いに行けるのである。そうやって何時間も店の隅で過ごす少年を、そのまま好きなだけそこにいさせてくれた本屋のおじさんに 20 。

　　本と過ごす日々は、幼かったぼくに勇気と希望を 21 。しかし、そんな少年もおじさんも年を取り、いつの間にか大好きだったあの店もなくなってしまった。だが、今でもよく似た小さな書店を見つけると、あのころのわくわくした気分を思い出してうれしくなる。

　　ぼくには 22 は友人のようなものだ。一緒に同じ時間を過ごし、泣いたり笑ったりして気持ちを理解する。時には二度と会いたくないと思うこともあるが、何年か経ってからまた会ってみると、前とは違う気持ちで接することができることもある。これからも人生でどんな友人に出会えるか楽しみにしている。

第1回
第2回
第3回
第4回
第5回
第6回
第7回
第8回
第9回
第10回

18

1　に対して　　　2　について　　　3　にとって　　　4　によって

19

1　それなのに　　　2　そればかりか　　3　そのせいで　　　4　それでも

20

1　感謝してはいけない　　　　　　　2　感謝せずにはいられない
3　感謝しようがない　　　　　　　　4　感謝するわけにはいかない

21

1　与えてもらった　　　　　　　2　与えさせた
3　与えられた　　　　　　　　　4　与えてくれた

22

1　少年　　　　　　　2　おじさん　　　3　書店　　　　　　4　本

第**5**回

正答数

22問

解答時間のめやす

20

分

解答・解説 ⟶ 別冊 5 ページ

問題 1 次の文の（　　　）に入れるのに最もよいものを、1・2・3・4から一つ選びなさい。

1 A国とB国の首脳会談は3時間（　　　）行われた。

1　にわたって　　　2　にかけて　　　3　にあたって　　　4　につき

2 今日は学校で試験があるので、少々体調が悪くても行かない（　　　）。

1　ものではない　　　　　　　　　2　わけがない

3　ものか　　　　　　　　　　　　4　わけにはいかない

3 部下「課長、おはようございます。今日はいいお天気ですね。」

課長「おはよう。やっと晴れたね。（　　　）この前お願いした書類はできた？」

1　そうすれば　　　2　それなら　　　3　そうなると　　　4　それはそうと

4 彼女はこれまで大学を1日として休んだ（　　　）。

1　ことはない　　　2　ことがある　　　3　ことではない　　　4　こととなる

5 私は長年海外の研究所で働いておりましたが、今回の受賞で30年ぶりに故郷に帰って（　　　）。

1　参りました　　　　　　　　　2　いらっしゃいました

3　うかがいました　　　　　　　4　おいでになりました

6 A「この契約、絶対に取ってきます。」

B「君がそこまで言う（　　　）自信があるんだね。」

1　だけに　　　2　からには　　　3　ばかりに　　　4　からこそ

7 この木は夜になると眠るように葉が閉じる（　　　）、「ネムノキ」と名付けられた。

1　おかげで　　　2　ところから　　　3　わけで　　　4　ものから

8 当店はネット販売が中心のため、銀座にある店舗は土日（　　　）の営業です。

1　までも　　　2　まで　　　3　のみならず　　　4　のみ

9 A「最近、仕事が忙しくて昼ごはんを食べる時間もないんだよね。」

　B「忙しい（　　　　）ごはんくらいはきちんと食べないと。体を壊すよ。」

　1　とすれば　　　　　2　にしても　　　　3　以上は　　　　　4　というと

10 母を（　　　　）と思って、誕生日に花をプレゼントした。

　1　喜んでもらおう　　　　　　　2　喜んでほしい

　3　喜ばせよう　　　　　　　　　4　喜ばせてもらおう

11 彼に本当のことを言おうか言う（　　　　）か、迷っている。

　1　べき　　　　　2　もの　　　　3　まい　　　　4　こと

12 念願のオリンピック代表に選ばれて（　　　　）。

　1　うれしいところだ　　　　　　2　うれしいにこしたことはない

　3　うれしくてならない　　　　　4　うれしいぐらいだ

問題2 次の文の___★___に入る最もよいものを、1・2・3・4から一つ選びなさい。

13 あの時、事前に _____ _____ ___★___ _____ はならなかったのに、本当に
　　申し訳ありません。
　　1　こんなことに　　2　確認　　　　　　3　しておけば　　　4　さえ

14 親としては、子どもが _____ _____ ___★___ _____ ものだ。
　　1　と思うことは　　2　したい　　　　　3　やらせて　　　　4　やりたい

15 彼が課長に昇進した _____ _____ ___★___ _____ あのプロジェクトは成功
　　したようだ。
　　1　から　　　　　　2　こと　　　　　　3　という　　　　　4　すると

16 自転車が _____ _____ ___★___ _____ を見ると、まだ全員来ていないようだ。
　　1　の　　　　　　　2　だけ　　　　　　3　ところ　　　　　4　2台

17 A「子どものころあんなにおとなしかった彼が _____ _____ ___★___
　　　　_____ 驚かされたね。」
　　B「そうだね。きっと努力したんだろうね。」
　　1　とは　　　　　　　　　　　　　　2　まさか
　　3　ずいぶん　　　　　　　　　　　　4　会社の社長になる

問題3 次の文章を読んで、文章全体の内容を考えて、 18 から 22 の中に入る最もよいものを、1・2・3・4から一つ選びなさい。

以下は、人間関係についてのエッセイである。

心のなかの分類ボックス

　人は誰かと出会ったとき、自分のなかの経験をもとに、一瞬（いっしゅん）のうちに人を 18 。

「この人って、苦手な先生に似ているからあまり関わりたくないな」
と、過去の経験や知識にしたがって、人の好き嫌いをなかば決めつけてしまいます。

　心のなかに分類ボックスがあって、いつも無意識のうちに「苦手」「得意」「まあまあ」の箱により分ける作業をしているのです。

　アドラー心理学では、こういう主観的なものの見方を「認知論」（にんちろん）という言葉で説明しています。

　「認知論」とは、「人間は、たとえ同じものを見たり聞いたりしても、人 19 、それらの受け止め方が大きく違う」という考え方です。

　なので、私たちは、たとえ同じ人と出会っても、「感じのよい人だな」と思う人もいれば、「イヤミな人だ」と思う人もいるのです。

　常に自分だけの主観的なモノサシで、物事を分類してしまう 20 。

　ですので、ある人を一瞬で苦手ボックスに入れてしまうと、意識しない限りなかなか新しいボックスへ入れ替えることはできなくなります。

　 21 、苦手な人は、ずっと苦手な状態が続くわけです。

　そうした行動や思考パターンは「ライフスタイル」（しこう）と呼ばれています。

　そして、自分が相手に苦手意識を持つと、相手にも警戒心（けいかいしん）が伝わり、相手からも苦手意識を 22 ことがあります。

　だから、これといって問題が起きたわけではないのに、なぜかウマが合わない人が出てきてしまうのです。

（注）

（岩井俊憲『人間関係が楽になるアドラーの教え』大和書房による）

（注）ウマが合わない：好みや考え方が合わず、付き合いにくい

18

1　判断しがちです　　　　　　　　2　受け止めてしまいます

3　客観的に見るものです　　　　　4　傷つける傾向があります

19

1　において　　　2　にとって　　　3　によって　　　4　に対して

20

1　ものがあります　　　　　　　　2　どころではありません

3　わけではありません　　　　　　4　ということです

21

1　それに対して　　　　　　　　　2　それにつれて

3　それでも　　　　　　　　　　　4　そうすると

22

1　持たれる　　　　　　　　　　　2　持たせる

3　持ってもらえる　　　　　　　　4　持たされる

第**6**回

正答数

| | 22 問 |

解答時間のめやす

20
分

解答・解説 ⟶ 別冊 5–6 ページ

問題1　次の文の（　　　）に入れるのに最もよいものを、1・2・3・4から一つ選び
なさい。

1　図書館のご利用（　　　）は、貸出カードが必要です。

1　にわたって　　　2　に沿って　　　3　にあたって　　　4　にこたえて

2　部下「すみません。相手の要求もなかなか厳しくて……。」
　　部長「（　　　）契約_{けいやく}は取れなかったということだよね。」

1　要するに　　　2　いまだに　　　3　おまけに　　　4　なぜなら

3　子どものころから通っていたプールが閉園になった。なんとなく寂しい（　　　）。

1　ものがある　　　　　　　　2　ものか

3　ことか　　　　　　　　　　4　とのことだ

4　世界遺産_{いさん}は、実際に行って自分の目で見て（　　　）感動があるものだ。

1　さえ　　　　2　こそ　　　　3　まで　　　　4　しか

5　さくら「夏休みの宿題、終わった？」
　　しずか「私は（　　　）終わらせたよ。さくらちゃん、まだなの？」

1　どうせ　　　2　とっくに　　　3　やがて　　　4　とたんに

6　京都へ来た（　　　）、あのお寺だけはどうしても見ておきたい。

1　上に　　　　2　ものの　　　3　からには　　　4　けれども

7　これぐらいの風邪なら病院に行く（　　　）。1日休めばすぐ治ると思う。

1　ほかない　　　2　わけでもない　　　3　までもない　　　4　はずがない

8　普段は 1,800 円ですが、毎月 1 日（　　　）映画が 1,100 円で見られます。

1　限りでは　　　2　限りは　　　3　に限らず　　　4　に限り

9 いまさら謝った（　　　）、父親は許してくれないだろう。

1 ついでに　　　　2 ところで　　　　3 わけで　　　　4 としたら

10 明日試合が行われない（　　　）、大会のスケジュールが大幅にずれてしまう。

1 としたところで　　　　　　　　2 ならまだしも

3 くらいなら　　　　　　　　　　4 となると

11 商品に不備が見つかったので、誠に勝手ながら回収（　　　）。ご協力よろしくお願いします。

1 してさしあげます　　　　　　　2 させていただきます

3 していただきます　　　　　　　4 させてくださいます

12 （電話で）

A「今夜の飲み会なんだけど、7時には（　　　）よ。仕事がまだ終わらなくて……。」

B「わかった。じゃあ、先に始めておくね。」

1 行けそうにない　　　　　　　　2 行けないこともない

3 行かざるをえない　　　　　　　4 行くつもりだった

問題2 次の文の___★___に入る最もよいものを、1・2・3・4から一つ選びなさい。

13 今まで _____ _____ ___★___ _____ ことを質問されて、答えに困ってしまった。

1 思って
2 思っていなかった
3 疑問にすら
4 当たり前だと

14 A「このパソコンの修理、あの店に頼んだらやってくれるかな？」

B「 _____ _____ ___★___ _____ 考えよう。」

1 そのとき
2 無理なら
3 聞いてみて
4 聞くだけ

15 この仕事の担当である君が _____ _____ ___★___ _____ から、明日は必ず来てくれ。

1 ことには
2 来ない
3 できない
4 会議が

16 このまま日本で就職するか _____ _____ ___★___ _____ 必要がある。

1 一度両親と話す
2 大学院に進学する
3 いずれにしても
4 か

17 医者「これから _____ _____ ___★___ _____ ことは、他の病気で薬を服用しているかどうかなんですが。」

患者「その心配はありません。大丈夫です。」

1 すべき
2 注意
3 上で
4 治療を開始する

問題 3 次の文章を読んで、文章全体の内容を考えて、 18 から 22 の中に入る最もよいものを、1・2・3・4から一つ選びなさい。

以下は、雑誌のコラムである。

ストレス解消法

　多かれ少なかれ、誰もが日ごろ感じているストレス。それがたまり続けると、心にも体にも悪い影響があります。特に仕事のストレスは、実にさまざまです。上司や同僚、お客さんとのコミュニケーション 18 、ついイライラしてしまった経験はないでしょうか。また、責任の重い仕事で思い悩むこともあれば、残業が続く日も 19 。

　仕事をしている人たちが抱えるストレスは、職場だけのものとは限りません。職場のストレスに加え、家庭の問題や、老後の不安などを抱えていることが 20 。これらが積み重なると、ストレスはどんどん大きくなっていきます。

　ストレスをゼロにすることはできませんが、できるだけためこまないようにすれば、心身ともに健康でいられます。そのために大切なのは、リラックスして過ごすことです。簡単な方法として、真っ先に挙げられるのがストレッチです。ストレッチ 21 、難しく考える必要はありません。イスに座ったまま伸びをするだけでもいいのです。意識せず自然にやっている人も多いかもしれません。 22 、深呼吸をする、太陽の光を浴びる、ガムをかむなど、いつでもどこでも手軽にできるものもあります。ぜひ試してみてください。

18

1　につれて　　　　2　に限らず　　　　3　において　　　　4　にしては

19

1　あるでしょう　　　　　　　　2　あることです

3　あるわけでしょう　　　　　　4　あるおそれがあります

20

1　多くてたまりません　　　　　2　多いものです

3　多いだけのことはあります　　4　多いことになっています

21

1　はさておき　　　2　にしろ　　　　3　を問わず　　　　4　といっても

22

1　ところで　　　2　そのうえ　　　3　もっとも　　　4　そのほかに

第**7**回

正答数

22問

解答時間のめやす

20

分

解答・解説 ⟶ 別冊6ページ

問題1 次の文の（　　　　）に入れるのに最もよいものを、1・2・3・4から一つ選びなさい。

1 工事は年内に終わると聞いているが、今のペースでは（　　　　）無理だろう。
　　1　たとえ　　　　　　2　ますます　　　　3　おそらく　　　　4　どうにか

2 1年（　　　　）準備してきたプロジェクトなので、絶対に成功させたい。
　　1　にあたって　　　2　にかけて　　　　3　に沿って　　　　4　にわたって

3 彼は1時間も私たちを待たせた（　　　　）、今日の打合せは中止したいと言った。
　　1　きり　　　　　　2　一方で　　　　　3　反面　　　　　　4　あげく

4 （会社で）
「もう遅い（　　　　）、そろそろデスクの上を片づけて帰りましょうか。」
　　1　ことに　　　　　2　ことだし　　　　3　ものの　　　　　4　ものなら

5 新しく出てきた証拠から考えても、彼が犯人（　　　　）。
　　1　にすぎない　　　2　限りだ　　　　　3　である一方だ　　4　に相違ない

6 空港へのシャトルバスは1時間（　　　　）出ている。
　　1　ずつ　　　　　　2　ごとに　　　　　3　にわけて　　　　4　どおりに

7 （スーパーのはり紙で）
ペットの同伴はご遠慮（　　　　）。
　　1　です　　　　　　　　　　　　　　2　してください
　　3　されます　　　　　　　　　　　　4　ください

8 ここは暖かいところなので、10月（　　　　）海で泳げる。
　　1　だけに　　　　　2　でさえ　　　　　3　でこそ　　　　　4　ぬきで

9 彼が厳しいのは、息子のことを心配しているからに（　　　　）。

1　とどまらない　　　　　　　　　2　あたらない

3　ほかならない　　　　　　　　　4　越したことはない

10 A「ふぁ〜あ（あくび）。」

B「眠そうだね。」

A「夜中急に山口君に（　　　　）ほとんど寝てないんだよ。」

1　来てくれて　　　2　来させて　　　　3　来てもらって　　4　来られて

11 田中さんはパソコンの修理（　　　　）、車や機械の修理もできるそうだ。

1　のみならず　　　2　に応じて　　　　3　からして　　　　4　次第で

12 子どもが大きくなるにつれて教育費が増える（　　　　）、ちっともお金が貯まらない。

1　うちに　　　　　2　最中で　　　　　3　わりに　　　　　4　ばかりで

問題2 次の文の＿＿★＿＿に入る最もよいものを、1・2・3・4から一つ選びなさい。

13 彼は、サッカーが好きな人なら ＿＿＿ ＿＿＿ ＿★＿ ＿＿＿ です。

1 選手　　　　　　2 有名な　　　　　3 いないくらい　　4 知らない人は

14 このレストランでは、＿＿＿ ＿＿＿ ＿★＿ ＿＿＿ デザートが食べられる。

1 を使った　　　　　　　　　　2 マンゴーやパイナップル

3 南国の果物　　　　　　　　　4 といった

15 彼がそんな嘘^{うそ}をつくような人ではないことは、あなたが ＿＿＿ ＿＿＿ ＿★＿

＿＿＿ だ。

1 ご存じ　　　　　2 はず　　　　　3 いちばん　　　　4 の

16 娘に ＿＿＿ ＿＿＿ ＿★＿ ＿＿＿ 父は私の結婚に反対するのだろう。

1 と思う　　　　　　　　　　　2 させたくない

3 からこそ　　　　　　　　　　4 要らない苦労を

17 A「明日のパーティー、行きたくないなあ。」

B「行く前から ＿＿＿ ＿＿＿ ＿★＿ ＿＿＿ 思うけど。」

1 行くこともないと　　　　　　2 楽しくなさそうだと

3 無理して　　　　　　　　　　4 思うんだったら

問題3　次の文章を読んで、文章全体の内容を考えて、　18　から　22　の中に入る最もよいものを、1・2・3・4から一つ選びなさい。

以下は、雑誌のコラムである。

食事の意味

　「食事」について考えることがありますか。「食事」は　18　空腹を満たすものだと思っていませんか。エネルギーさえ取れればいいと思っていませんか。

　食事を楽しむことは、全ての人にとって、欠かすことのできない生きるための行動の1つなのです。　19　、食事を通じて、家族や友人同士といった人と人との交流を持ち、楽しく食べることで、心と体の健康にもつながるという研究結果もあります。

　しかし、近年、核家族化や共働き、一人暮らしの世帯が増える　20　、1人で食事する機会が増えたように思います。同時に、コンビニや外食できる店も増えたことで、食べたい物を、食べたい時に、食べたい分だけ食べるということが、昔よりもずっと手軽になりました。これを便利だ、自由だと感じる人ももちろんいるでしょうが、ちょっと考えてみてください。大人の場合はそれでいいかもしれませんが、子どものころから1人で食事することが当たり前の生活なんて、　21　。そのように感じる大人は私だけではないはずです。

　私たち人間にとって、食事はただ食べるというだけではなく、誰かと一緒に食べることで「楽しむこと」、それは心と体の健康に重要なのだということを、現代の子どもたちにも教えることが大人の役目であると　22　。

18

1　むしろ　　　　　2　ただ　　　　　　3　せめて　　　　　4　さらに

19

1　また　　　　　　2　ところで　　　　3　一方　　　　　　4　つまり

20

1　にこたえて　　　2　に限って　　　　3　にしたがって　　4　にあたって

21

1　問題でしょうか　　　　　　　　　　2　問題とはいえません

3　問題ではありません　　　　　　　　4　問題ではないでしょうか

22

1　調べようがないのです　　　　　　　2　わかりさえすればいいのです

3　思えてなりません　　　　　　　　　4　気になってなりません

第**8**回

正答数

22問

解答時間のめやす

20

分

解答・解説 ──→ 別冊 6-7 ページ

問題1 次の文の（　　　）に入れるのに最もよいものを、1・2・3・4から一つ選びなさい。

1 この写真を見る（　　　）、楽しかった旅行を思い出さずにいられない。
　　1 にあたって　　　2 にともない　　　3 につけ　　　　4 一方で

2 A「どうしてピーマンを食べないの？」
　　B「だって、おいしくない（　　　）。」
　　1 とは　　　　　　2 くせに　　　　　3 といったら　　4 んだもの

3 部長の家で夕食をごちそうになり、（　　　）お土産までいただいた。
　　1 それに対して　2 そればかりか　3 それでも　　　4 それなのに

4 授業が終わるか終わらないか（　　　）、彼は教室を出た。
　　1 の限り　　　　2 とともに　　　3 につれて　　　4 のうちに

5 家事を平等に分担していると答えた夫婦は全体の6%に（　　　）というデータがある。
　　1 すぎない　　　　　　　　　　　2 ほかならない
　　3 越したことはない　　　　　　　4 ほかない

6 卒業式で別れた（　　　）だった小学校の時のクラスメートに道でばったり会った。
　　1 ぶり　　　　　2 ごと　　　　　3 きり　　　　　4 すえ

7 （会社で）
　　A「大切な資料を置き（　　　）にして、田中君はどこに行ったの？」
　　B「部長に呼ばれて行ったみたいだよ。」
　　1 気味　　　　　2 がち　　　　　3 ながら　　　　4 っぱなし

8 2時間かけて引きとめた（　　　　）、部下は会社をやめてしまった。

1　限りで　　　　　　2　ところで　　　　　3　かいもなく　　　　4　とおりに

9 人々は30年前のあの地震の記憶を（　　　　）。

1　忘れざるをえない　　　　　　　　2　忘れることになっている

3　忘れつつある　　　　　　　　　　4　忘れるにすぎない

10 母は5年前に病気に（　　　　）、入退院をくりかえしている。

1　なったとたん　　　　　　　　　　2　なってはじめて

3　なって以来　　　　　　　　　　　4　なり次第

11 （電話で）

「今日の午後、御社に（　　　　）よろしいでしょうか。」

1　うかがっても　　　　　　　　　　2　お越しになっても

3　いらっしゃっても　　　　　　　　4　おいでになっても

12 （旅行会社のサイトで）

出発2日前以降のキャンセルについては、返金は（　　　　）のでご注意ください。

1　できるべきではない　　　　　　　2　できがたい

3　できかねます　　　　　　　　　　4　できようがない

問題2 次の文の__★__に入る最もよいものを、1・2・3・4から一つ選びなさい。

13 上り坂で _____ _____ __★__ _____ 、道路の整備_{せいび}が検討_{けんとう}されている。

1 事故が多く 　　　　　　　　　　2 先がよく見えない

3 歩行者がけがをする 　　　　　　4 せいか

14 テスト前でも私が自分の部屋で _____ _____ __★__ _____ からだ。

1 マンガを読まず 　　　　　　　　2 いられない

3 勉強しないのは 　　　　　　　　4 には

15 A「今度の食事会、6時からにしたよ。」

B「ありがとう。ただ、 _____ _____ __★__ _____ が心配だね。」

1 いないかどうか 　　　　　　　　2 人が

3 っていう 　　　　　　　　　　　4 仕事が終わらない

16 女の子に自分から _____ _____ __★__ _____ 彼女とデートしているなんて信じられない。

1 声をかけたこと 　　　　　　　　2 なかった

3 山田君_{やまだ}が 　　　　　　　　4 すら

17 母が書いてくれた _____ _____ __★__ _____ 母と同じ味にはできない。

1 みたものの 　　2 どうしても 　　3 作っては 　　　　4 レシピどおりに

問題3 次の文章を読んで、文章全体の内容を考えて、 18 から 22 の中に入る最もよいものを、1・2・3・4から一つ選びなさい。

以下は、鉄道アナリストが書いたエッセイである。

列車の移動

　列車の移動は狭い座席にずっと座り続けなくてはならず不快(ふかい)で、運賃・料金も高い。クルマはゆったりした座席だし、自由に道路を走り回れる。高速道路も整備(せいび)され、クルマ移動のほうがいいと思っている人は多い。クルマ利用 18 していると、列車の移動は苦しいばかりで利用したくないと思ってしまう。

　ところが、最近の列車は快適(かいてき)になった。グリーン車もさらに快適(かいてき)さが増している。また、クルマは事故の危険がずっとついて回る。運転しながらの飲食は 19 、ゆっくり味わうことはできない。飲酒は絶対にご法度(はっと)である。(注1)とくに熟年になると長距離運転は敬遠(けいえん)したくなる。(注2)

　通勤電車についても、苦しいばかりで、できるならクルマで通勤したいという人は多い。 20 地方都市ではクルマ社会になっていて、列車通勤は少なくなっている。大都市でも渋滞をものともせずクルマ通勤している人は多い。朝夕の高速道路の渋滞がそれを証明している。そして営業活動でもクルマを利用 21 。

　ところが、このごろはかならず座って通勤できる列車が増えた。いわゆる「通勤ライナー」である。ほとんどが特急車両を使い、座席保証のライナー券を購入して利用する。それがないところでも安い特急料金制度を利用して特急で通勤できるようになった。これは私鉄でも 22 。また首都圏では普通列車のグリーン車も普及(ふきゅう)し始めている。

（川島令三『贅沢な出張　全国鉄道ガイド―最新グリーン車案内』による）

（注1）ご法度(はっと)：禁止されていること
（注2）敬遠(けいえん)する：かかわりを持たないようにすること

18

1　こそ　　　　　　2　まで　　　　　　3　ばかり　　　　　4　さえ

19

1　できないことはないが　　　　　2　できるはずもないが
3　しようもないが　　　　　　　　4　しづらくはないが

20

1　それとも　　　　2　すでに　　　　3　ちょうど　　　　4　そのうち

21

1　したがる　　　　2　してほしい　　　3　すべきである　　4　しかねる

22

1　当然である　　　2　自然である　　　3　こうである　　　4　そうである

第**9**回

正答数

	22 問

解答時間のめやす

20	分

解答・解説 ⟶ 別冊 7 ページ

問題1 次の文の（　　　　）に入れるのに最もよいものを、1・2・3・4から一つ選び
なさい。

1　この町は水がきれいで、「名水のふるさと」（　　　　）全国に知られています。

   1　にとって　　　　　2　として　　　　　3　に対して　　　　4　にすれば

2　この映画の主人公は（　　　　）世界的ヒーローだから、知らない人はいないだろう。

   1　いわば　　　　　　2　あるいは　　　　3　もっとも　　　　4　ただ

3　母「私はあなたのことがかわいい（　　　　）叱るのよ。」

   娘「それはわかるんだけど……。」

   1　からして　　　　　2　からすれば　　　3　からこそ　　　　4　からといって

4　このバッグは安い（　　　　）すぐに壊れてしまった。

   1　にしては　　　　　2　だけあって　　　3　わりに　　　　　4　ながらも

5　最近、失敗してばかりで落ち込んでいたが、友人の言葉に（　　　　）。

   1　元気づけた　　　　　　　　　　　2　元気づけさせた

   3　元気づけられた　　　　　　　　　4　元気づけさせられた

6　チームは、今、新しい監督（　　　　）練習に励んでいる。

   1　に応じて　　　　　2　にもとづいて　　3　のもとで　　　　4　をめぐって

7　息子が誕生日に毎年プレゼントをくれるのはうれしい（　　　　）。

   1　ほどだ　　　　　　2　ものだ　　　　　3　ことか　　　　　4　ところだ

8　台風の接近（　　　　）、午後の飛行機が全便欠航となった。

   1　にかけて　　　　　2　にしたがって　　3　にともない　　　4　において

9　寒気がしたので熱を計ってみた（　　　　）、39度もあった。

   1　ところ　　　　　　2　とたん　　　　　3　末に　　　　　　4　あげく

10 （講演会で）

　司会「今日は国際政治にお詳しい田中先生に（　　　）。それでは先生、よろしく
　　　　お願いいたします。」

　1　おいでいただきました　　　　　　2　いらっしゃいました

　3　お越しくださいました　　　　　　4　参りました

11　留学生「私、メキシコ人なんですが、コンテストに参加できますか。」

　事務局「ええ、このコンテストには国籍（　　　）、誰でも参加できますよ。」

　1　はともかく　　　2　はさておき　　　3　もかまわず　　　4　を問わず

12　「今夜は仕事の話（　　　）楽しく飲みましょう。」

　1　次第では　　　　2　はぬきにして　　3　にかけては　　　4　はまだしも

問題2 次の文の___★___に入る最もよいものを、1・2・3・4から一つ選びなさい。

13　彼は仕事や財産 _____ _____ ___★___ _____ 家を出てしまった。
1　捨てて　　　　2　家族　　　　3　ばかりか　　　4　まで

14　（マラソン大会で）
アナウンサー「伊藤選手には、もう _____ _____ ___★___ _____ です。」
1　ようで　　　　　　　　2　今にも
3　倒れそう　　　　　　　4　体力は残っていない

15　今回のプレゼンはとても重要だと言われていたのに、_____ _____ ___★___
_____ までしてしまった。
1　上に　　　　　　　　2　という失敗
3　データを間違える　　4　遅刻した

16　山本「あ、用紙が少し足りないみたい。」
川口「じゃあ山本さん、_____ _____ ___★___ _____ 。」
1　くれない　　　2　事務所に　　3　行って　　　4　もらってきて

17　彼女とのデートの約束が _____ _____ ___★___ _____ 行けなかった。
1　にもかかわらず　　　　2　できて
3　あった　　　　　　　　4　急用が

文法　69

問題3 次の文章を読んで、文章全体の内容を考えて、 18 から 22 の中に入る最もよいものを、1・2・3・4から一つ選びなさい。

以下は、留学生の作文である。

伝統を守る

リン　テイキン

　日本の伝統文化や伝統芸能に興味を持ち、日本に留学してもう5年になる。日本の伝統芸能は本当にすばらしい。直接目にする機会も得られ、本当にこの伝統は守り続けられるべきだと強く感じている。

　日本の伝統芸能の多くは、一般的には、親から子へ、子から孫へと代々受け継がれてきた。 18 「世襲」である。例えば歌舞伎などもそうで、父と子であり、かつ、師匠と弟子であるという関係性がテレビでもよく取り上げられている。日本以外の国でも、同じように親から子へと受け継がれるものが 19 。しかし、家族内が第一ではなく、師匠から弟子へと伝えられることが一般的であり、血のつながりよりも能力の高さ 20 後を継ぐ者が決まることのほうが多い。

　もちろん、だから日本の芸能の質が落ちていると言いたいのではない。歌舞伎の世界を見ていても、多くの若い役者たちがしっかりと稽古をし、しっかりと伝統を受け継いでいることはわかる。しかし、世襲制には問題点もあるのではないだろうか。例えば、歌舞伎の家に生まれていない者が、主役になれる可能性は低い。どんなに好きでも、どんなに厳しい訓練を受けても、大きい役をつかむことは非常に 21 。また、歌舞伎の家に生まれた男子は、歌舞伎の道に進むことを期待され、自分の好きな道を選択することが難しくなるのではないだろうか。

　 22 、この世襲であるということもまた伝統の一つなのだろう。伝統を守るということは本当に難しい。

（注）稽古：練習

18

1　なぜなら　　　　2　つまり　　　　3　一方　　　　　4　さらに

19

1　あるはずがない　　　　　　　2　あるに決まっている
3　ないとも言える　　　　　　　4　ないわけではない

20

1　によって　　　2　に際して　　　3　にあたって　　　4　に関して

21

1　難しいと思っていた　　　　　　2　難しいのだろうか
3　難しいようだ　　　　　　　　　4　難しいことはない

22

1　とはいえ　　　2　しかも　　　3　ともすれば　　　4　したがって

第**10**回

正答数

22 問

解答時間のめやす

20

分

解答・解説 ──→ 別冊 7-8 ページ

問題1 次の文の（　　　　）に入れるのに最もよいものを、1・2・3・4から一つ選びなさい。

1 A「夏休みはどうするの？」
B「家族で北海道に行きたいなあ。（　　　）休みが取れたらの話なんだけどね。」
1　もっとも　　　　2　なお　　　　　　3　さて　　　　　　4　すると

2 あの真面目な吉田さんが、そんな冗談を言う（　　　　）。
1　までもない　　　2　しかない　　　　3　こともない　　　4　はずがない

3 A「ねえ、知ってる？　安藤さん、来月歌手としてデビューするらしいよ。」
B「えっ、信じられないなあ。あの安藤さんが歌手になる（　　　）。」
1　ものか　　　　　2　ものだ　　　　　3　なんて　　　　　4　なんか

4 彼には10年前に一度会った（　　　）会っていません。
1　ところ　　　　　2　末に　　　　　　3　あげく　　　　　4　きり

5 子どものとき、勉強ばかりで遊ばせてもらえなかった。あんな思いは小学生の息子には（　　　）。
1　させてほしくない　　　　　　　2　させたくない
3　させてあげない　　　　　　　　4　されない

6 話し合いの後も、彼はいかにも（　　　　）顔で部長を見ていた。
1　不満的な　　　2　不満げな　　　3　不満気味な　　　4　不満がちな

7 傘を持っていないとき（　　　）雨に降られる。
1　にとって　　　　2　にしたら　　　　3　に限って　　　　4　とともに

8 （テスト後に）

「もっと（　　　　）。思ったより難しかった……。」

1　勉強せざるをえなかった　　　　　2　勉強すべきだった

3　勉強するよりほかなかった　　　　4　勉強せずにはいられなかった

9 （講演会で）

「ただいま皆様に（　　　）映画は、およそ80年前に制作されたものです。」

1　拝見いただきました　　　　　　　2　うかがってくださいました

3　ご覧いただきました　　　　　　　4　見せてくださいました

10 係員の指示（　　　）車を止めてください。

1　にしては　　　　2　にともなって　　3　につれて　　　　4　にしたがって

11 風邪をひいてしまった。のどが痛くて、水（　　　）飲めない。

1　くらい　　　　2　さえ　　　　3　のみ　　　　4　こそ

12 いい部屋だね。1泊50,000円する（　　　）ね。

1　わけにはいかない　　　　　　　　2　だけのことはある

3　どころではない　　　　　　　　　4　ものがある

問題2 次の文の___★___に入る最もよいものを、1・2・3・4から一つ選びなさい。

13 母が _____ _____ ___★___ _____ では、公園の向こうにマンションが建つらしい。

    1 聞いた　　　　　2 近所の人　　　　3 から　　　　　　4 限り

14 部長「事前にしっかり _____ _____ ___★___ _____ ぞ。」

    部下「申し訳ありませんでした。」

    1 しておけば　　　2 防げる　　　　　3 ミスだった　　　4 確認さえ

15 松井選手のけがは、治るまでに _____ _____ ___★___ _____ 大きなニュースとなった。

    1 わずか　　　　　　　　　　　2 少なくとも

    3 半年で戻って来たので　　　　4 1年はかかるだろうと思われたが

16 就職についてよく _____ _____ ___★___ _____ てしまったら、きっと後悔する。

    1 考え　　　　　　2 決め　　　　　　3 うちに　　　　　4 もしない

17 寒い中、彼が _____ _____ ___★___ _____ 申し訳ない気持ちでいっぱいになった。

    1 それだけで　　　　　　　　　2 どんな思いで

    3 待っていたのか　　　　　　　4 と思うと

問題3 次の文章を読んで、文章全体の内容を考えて、| 18 |から| 22 |の中に入る最もよいものを、1・2・3・4から一つ選びなさい。

以下は、雑誌のコラムである。

外食する際の心がけ

　外食をする際、特に評判の店や話題の店に初めて出かけるときに心がけていることがいくつかある。まず、あらかじめ批判的にならないこと。あるいは逆に、過度な期待をして行かないこと。どんなに有名な店である| 18 |、心を「無」にしてその料理に向かうべきだ。なかなか予約が取れない店などに出かけるときは、期待に胸がふくらむのもわかる。ただし、期待はしてもいいけれど、「こういう味であるはず」「こんな店であるはず」という思い込みはよくない。自分を無にし、料理に対して素直になること。| 19 |、料理の味を本当に楽しむことはできない。

　他にも私が日頃から食事に出かけるときに心がけていることがある。食事中、料理が出されている| 20 |ぺちゃくちゃしゃべる人とは食べに行かないことだ。料理には、食べごろというものがある。例えばにぎり寿司は、出された瞬間が最もおいしい。酒を飲んだりしゃべったりしていて寿司をそのまま置いておくことは、食べごろを逃すこと| 21 |。

　また、料理や料理人あるいは食材に対して敬意を持てない人とも、あまり食卓を共にしたくない。料理に対する批評や知識をいろいろと言われるのも困る。それを聞かされることほど苦痛なものはない。かといって、おいしいものを食べながら、無表情で無反応な人もつまらない。その人| 22 |の感想がほしい。おいしくものをいただくには、心に余裕が必要なのだ。

18

　　1　とすれば　　　　2　としても　　　　3　だけに　　　　　4　ばかりに

19

　　1　そうすると　　　2　そうとあれば　　3　そうでないと　　4　そういえば

20

　　1　にしろ　　　　　　　　　　　　　　2　としたら
　　3　とはいうものの　　　　　　　　　　4　にもかかわらず

21

　　1　にほかならない　　　　　　　　　　2　にすぎない
　　3　に越したことはない　　　　　　　　4　にはあたらない

22

　　1　次第　　　　　　2　なり　　　　　　3　ながら　　　　　4　どおり

執筆者紹介

上田暢美 （うえだ のぶみ）
大学・日本語学校非常勤講師

内田嘉美 （うちだ よしみ）
日本語学校非常勤講師

桑島卓男 （くわじま たくお）
元日本語講師／北海道厚沢部町公営塾 講師

糠野永未子 （ぬかの えみこ）
大学・日本語学校非常勤講師

吉田歌織 （よしだ かおり）
大学・日本語学校非常勤講師

若林佐恵里 （わかばやし さえり）
日本語教師／日本語教師養成講座講師／ライター

安達万里江 （あだち まりえ）
関西学院大学国際学部日本語常勤講師

とりあえず日本語能力試験対策　N2　文法

2022 年 11 月 15 日　初版第 1 刷発行

著者 ………………… 上田暢美・内田嘉美・桑島卓男・糠野永未子・吉田歌織・若林佐恵里・安達万里江
発行者 …………… 吉峰晃一朗・田中哲哉
発行所 …………… 株式会社ココ出版
　　　　　　　　　〒162-0828 東京都新宿区袋町 25-30-107
　　　　　　　　　電話 03-3269-5438　ファクス 03-3269-5438
装丁・組版設計 …… 工藤亜矢子（okappa design）
編集協力 ………… 平井美里
印刷・製本 ……… 株式会社シナノパブリッシングプレス

ISBN 978-4-86676-044-5
©N. Ueda, Y. Uchida, T. Kuwajima, E. Nukano, K. Yoshida, S. Wakabayashi, & M. Adachi, 2022
Printed in Japan

文法／解答・解説

N2

凡例

V：動詞

    V て：て形

    V た：た形

    V ない：ない形

第1回

問題1

1　2

2　3

3　1

4　2　「～のことだから」＝～だからきっと。その人のいつもの行動や性格から判断するときに使う。

5　3

6　3

7　3

8　1

9　1　「～ないこともない」＝絶対に～とは言い切れない。場合によっては～できる、がんばれば～できる。ここでは「何とかすれば時間を作れるが」という意味。

10　3

11　4

12　4

問題2

13　1　3→4→1→2。「まるで～かのような」＝実際に～ではないが、～のように見える、感じる。ここでは、「バケツの水をひっくり返した」ように見えるくらい激しい雨が降ったことを表している。

14　2　1→4→2→3。

15　4　2→1→4→3。

16　3　4→1→3→2。

17　4　2→1→4→3。

問題3

18　1

19　3

20　3

21　4

22　1

第2回

問題1

1　3　「～ことだ」＝とても～。気持ちを強調したいときに使う。

2　1

3　3　「AもなければBもない」＝Aもないし、それにBもない。

4　1　「AからといってBとは限らない」＝Aだからという理由で、必ず（みんな）Bとは言えない。

5　2

6　4

7　2　「できっこない」＝絶対にできない、できるはずがない。

8　1

9　4

10　3　「見えた」＝いらっしゃった。

11　2

12　3　「～恐れはない」＝～可能性はない。

問題2

13　3　1→4→3→2。「指示を出す」＝命令をする。

14　1　4→2→1→3。

15　2　3→4→2→1。

16　2　4→1→2→3。「Vたきり一度も～ない」＝前に～して、その後は一度も～していない。

17　4　3→2→4→1。

問題3

18　3

19 2

20 1

21 4 「ノウハウ」＝知識・方法。

22 4

第3回

問題1

1 1 「～としたら」＝もし～なら。

2 4

3 1 「Aくらいなら、むしろB」＝Aも
Bも嫌だが、Bのほうがまし。

4 2 「～だけのことはある」＝さすが～
から期待したとおりだ。ほめるとき
に使うことが多い。

5 1

6 2

7 3

8 4

9 3

10 4 「～どころではない」＝～する余裕
がない、とても～できる状態ではない。

11 1

12 1

問題2

13 2 3→4→2→1。

14 1 4→2→1→3。

15 3 4→1→3→2。「AをはじめB」＝
Aを代表的な例として挙げ、それ以
外のBにも。

16 1 3→2→1→4。「ひとくちに～とい
っても」＝簡単に、まとめて～とい
っても。

17 4 1→3→4→2。

問題3

18 4 「自慢げに言う」＝まるで自慢して
いるような口調で言う。

19 1

20 3

21 2

22 1

第4回

問題1

1 2

2 2

3 1

4 2

5 4 「Vない限り」＝～しない間は絶対、
～しなければ絶対。

6 4

7 3

8 1 「～一方だ」＝ますます～という状
態になる。変化を表す動詞につく。

9 4

10 3

11 3 「AわりにB」＝Aからイメージす
るのとは違ってBである。ここでは
「マンションは古いので普通なら家
賃は安いだろうと思っていたらそう
ではなかった」という意味。

12 2

問題2

13 2 3→4→2→1。

14 1 2→4→1→3。

15 4 2→1→4→3。

16 3 2→4→3→1。「必ずと言っていい
ほど」＝必ずと断言してもいいくら
い、ほとんど。

4　文法／解答・解説

17 3 4→2→3→1。

問題3

18 3

19 2

20 2

21 4

22 4

第5回

問題1

1 1 「〜にわたって」＝時間や距離の範囲が長いときに使う。ここでは3時間は長いという気持ちを表す。

2 4

3 4 「それはそうと」＝話題を変えるときに使う。

4 1

5 1

6 2

7 2

8 4

9 2 「忙しいにしても」＝忙しいことはわかるが。後ろには否定的な文が続くことが多い。

10 3

11 3

12 3

問題2

13 3 2→4→3→1。

14 3 2→1→3→4。

15 1 3→2→1→4。「〜ことからすると」＝〜ことから判断すると。

16 1 4→2→1→3。

17 1 2→4→1→3。「まさか〜とは」＝

信じられない、驚いた気持ちを表す。

問題3

18 1 4行目の「決めつける」から考える。「判断しがち」＝決めつける傾向がある。よく決めつけてしまう。

19 3 すぐ後ろに「違う」があることから考える。「人によって〜違う」。

20 4

21 4

22 1

第6回

問題1

1 3

2 1 「要するに」＝つまり。ここでは、部下の発言を言い換えている。

3 1

4 2

5 2 「とっくに」＝すでに。以前に物事が成立しているときに使う。

6 3

7 3 「行くまでもない」＝わざわざ行く必要がない。

8 4

9 2 「Ｖたところで、（否定形）」＝たとえＶても意味がない、無駄だ。ここでは、「謝ったとしても許してくれない」。

10 4

11 2

12 1

問題2

13 3 4→1→3→2。

14 2 4→3→2→1。「聞くだけ聞く」＝

ここでは、「聞いた結果、修理して
もらえるかはわからないが、とにか
く聞いてみる」という意味。

15 4　2→1→4→3。
16 3　2→4→3→1。
17 2　4→3→2→1。

問題3
18 3
19 1
20 2
21 4
22 4

16 1　4→2→1→3。
17 3　2→4→3→1。

問題3
18 2　「ただ〜」＝〜だけをする。それ
　　　よりほかにはないと限定する。
19 1
20 3
21 4　「問題ではないでしょうか」：筆者は
　　　問題だと考えている。
22 3

第7回

問題1
1 3
2 4　「(期間) にわたって」は、何かが長
　　　い間におよんだことを意味する表現。
3 4
4 2
5 4
6 2
7 4
8 2
9 3　「彼が息子に厳しい」理由を説明し
　　　ている。
10 4　山口君が来ることによって寝られな
　　　かった（＝迷惑をかけられた）。
11 1
12 4　「増えるばかりで」＝増えるだけで。

問題2
13 2　4→3→2→1。
14 3　2→4→3→1。
15 4　3→1→4→2。

第8回

問題1
1 3
2 4
3 2　「そればかりか」＝それだけではな
　　　く。その上。
4 4
5 1
6 3　「別れたきりだった」＝別れたあと
　　　に会っていない。
7 4
8 3　「引きとめる」＝他人の行動をやめる
　　　ようにすすめる。ここでは、会社を
　　　やめないようにすすめたということ。
9 3
10 3　「Ｖて以来」＝Ｖてからずっと。こ
　　　こでは、病気になってからずっと、
　　　入院と退院をくりかえしているとい
　　　う意味。
11 1　「うかがう」＝「訪問する」の謙譲語。
　　　御社とあるので、自分の会社ではな
　　　いことがわかる。
12 3

問題2

13 3　2→4→3→1。

14 4　3→1→4→2。

15 2　4→3→2→1。

16 2　1→4→2→3。

17 1　4→3→1→2。「どうしても～ない」＝どうやっても～ない。

問題3

18 3

19 1　ゆっくり味わうことはできない＝ゆっくりでなければ味わう（食べる）ことができる。

20 2

21 1

22 4

第9回

問題1

1 2

2 1

3 3

4 2

5 3　「元気づける」＝他人が元気になるように言葉をかけたり行動したりする。はげます。

6 3

7 2

8 3

9 1

10 1

11 4

12 2

問題2

13 4　3→2→4→1。「財産ばかりか家族まで捨てて」＝財産だけではなく、その上（大切な）家族も捨てて。

14 2　4→1→2→3。

15 3　4→1→3→2。

16 4　2→3→4→1。

17 4　3→1→4→2。

問題3

18 2　前の一文は「世襲（せしゅう）」の説明。

19 4

20 1

21 3

22 1

第10回

問題1

1 1

2 4

3 3　「歌手になるなんて」＝Bの信じられない気持ちを表す。

4 4　ここでは、10年前に一度会ってその後は会っていないことを表す。

5 2

6 2

7 3

8 2

9 3

10 4

11 2

12 2

問題2

13 1　2→3→1→4。

14 2　4→1→2→3。

15 1 2→4→1→3。

16 3 1→4→3→2。

17 4 2→3→4→1。「それだけで」＝こ
こでは、「彼がどんな思いで待って
いたかと思うだけで」という意味。

問題3

18 2

19 3 「そうでないと」＝ここでは、「自分
を無にし、料理に対して素直になら
ないと」という意味。

20 4

21 1

22 2 「〜なり」＝〜に相応の状態や程度。
〜にできる範囲。